벤자민 프랭클린,
성공을 부르는 지혜

벤자민 프랭클린

성공을 부르는 지혜

벤자민 프랭클린 지음 | 이혜경 옮김

지
은
이

벤자민 프랭클린 Benjamin Franklin 1706-1790

어느 시대, 어느 장소에서든 성공할 수 있는 능력을 자신의 내면에 지니고 있었던 벤자민 프랭클린은 그가 살았던 시대에서 가장 위대한 정치가, 과학자 그리고 철학자 중 한 사람이었다.

인쇄업과 출판업에서 성공을 거두었던 그는 사업이 한창 활발하게 돌아가던 40대에 은퇴하고 여생을 자신이 몸담은 지역과 조국을 위해 봉사했다. 그는 미국 우편제도의 기틀을 닦았으며 20년 동안 식민지 사절로 영국에서 복무하기도 했다. 또 당시의 세금제도에 대한 저항운동을 펼치고 독립선언문의 초안을 작성하는 데 기여했으며 프랑스 대혁명 당시 그 곳 대사를 지내기도 했다. 그리고 아직도 미국의 통치기준이 되고 있는 헌법 제정에

참여했다.

그러나 믿기 어려운 일이지만 그는 당시 전기분야에 대한 발견으로 훨씬 더 유명했다. 발명왕 에디슨과 테슬라 코일의 고안자인 전기 공학자 테슬라를 낳게 했으며 100년 후 후대 사람들이 전기를 실용적인 도구로 사용할 수 있는 길을 열어 주었던 사람이었다. 프랑스에서는 과학자인 동시에 철학자로서 굉장한 명성을 얻음으로써 미국 대사로서의 역할을 효과적으로 수행할 수 있었고, 그 결과 독립전쟁 당시 프랑스의 원조도 얻어낼 수 있었다. 또 무엇이든 고치는 그의 습관은 이중 초점 렌즈에서부터 프랑클린의 난로(개방형 난로)에 이르는 수십 종의 실용적인 발명품으로 이어졌다.

81세가 된 프랑클린은 친구에게 "나는 지금까지 50년간을 모두에게 도움이 되는 정치 일에 바쳐 왔습니다. 최

근에야 겨우 그 일에서 해방되어 자유시간을 가질 수 있게 되었습니다. 이제부터는 얼마 남지 않은 시간이나마, 될 수 있는 한 많은 실험에 바치고자 합니다"라는 요지의 서신을 보냈다. 그는 그 서신을 보낸 지 3년 만에 필라델피아에서 세상을 떠났다.

벤자민 프랭클린의 전기작가는 "어느 시대, 어느 장소에서든 벤자민 프랭클린은 위대한 인물이 되었을 것이다"라고 그를 평했다. 지금 그의 초상화는 미국 백 달러 지폐에 사용되고 있다.

옮긴이

이혜경

이화여대 영문과를 졸업하고 미국 워싱턴 주립대에서 비교문학 석사학위를 취득했다. 같은 대학원 박사 과정 번역이론을 이수하나 후 국내로 들어와『뉴스위크』『내셔널 지오그래픽』『벤자민 프랭클린, 재치와 지혜』등을 번역했다.

재치와 지혜

여기 나온 지혜의 말은 벤자민 프랭클린의 《가난한 리처드의 달력(Poor Richard;s Almanac)》을 출처로 한다. 물론 프랭클린 본인이 이 말을 모두 지어낸 것은 아니다. 《가난한 리처드의 달력》에는 자신의 말 이외에 다른 속담집의 속담들이 원형 그대로 또는 손질을 해서 실려 있다. 그러나 이 속담에도 벤자민 프랭클린의 고유의 향기가 묻어 있다.

Wit and Wisdom

The wise sayings which follow come from many different numbers of Ben Franklin's Poor Richard's Almanack. Of course, not all the sayings here are original with old Ben, for he included in Poor Richard, along with his own, proverbs copied or adapted from other collections but he usually gave to them a flavor of his own. The woodcuts are adapted from the crude cuts of Joseph Crawhall.

모든 나쁜 습관은 지난 달력과 함께 버려라. 그것들이 아무리 소중하다 해도.

With the old Almanack and the old Year, Leave thy old Vices' ever so dear.

자신의 기억력에 불평하는 사람은 많지만 잘못된 판단에 불평하는 사람은 거의 없다.

Many complain of their Memory, few of their Judgment.

최초의 욕망을 억누르는 편이 뒤에 오는 모든 욕구를 충족시키는 것보다 쉽다.

'Tis easier to suppress the first Desire, than to satisfy all that follow it.

적에게 돈을 빌려주면 내 편이 되지만 친구에게 돈을 빌려주면 친구를 잃는다.

Lend money to an Enemy, and thou'lt gain him; To a Friend, and thou'lt lose him.

배고픔이 있는 곳에는 법이 무시된다. 법이 무시되는 곳에 배고픔이 있다.

Where there is Hunger, Law is not regarded; and where Law is not regarded, there will be Hunger.

20대에는 의지가 지배하고 30대에는 지혜가 지배하며 40대에는 판단력이 지배한다.

At 20 years of age the will reigns; at 30 the wit; at 40 the judgment.

남을 설복 시키려면 이유가 아닌 이득에 대해 말하라.

Would you persuade, speak of interest, not of reason.

현명한 사람은 다른 사람의 피해를 보고 배우지만 바보
는 자신이 피해를 봐야 배운다.

Wise Men learn by others' harms; Fools by their own.

하나님을 섬김이란 인류에게 봉사하는 것이다. 그러나
기도가 더 쉽다는 것을 알기 때문에 대개는 행동보다 기
도를 택한다.

Serving God is doing good to Man, but praying is
thought an easier Service, and therefore more generally
chosen.

나중에 고치겠다고 하는 것은 지금 고치지 않겠다는 뜻이다.

He that resolves to mend hereafter, resolves not to mend now.

사람들은 대개 작은 호의는 되돌려주고 좀더 큰 호의에는 감사하며 정말 큰 호의에는 배은망덕한다.

Most People return small Favours, acknowledge middling ones, and repay great ones with Ingratitude.

싸움에 끼어든 사람들은 가끔씩 코피를 닦아야 할 일
이 종종 생긴다.

Those who in Quarrels interpose, Must often wipe a
bloody nose.

❀❀❀

한 쪽 편에만 잘못이 있는 싸움은 오래 가지 않는다.

Quarrels never could last long, If on one side only
lay the wrong.

❀❀❀❀

남들이 자신을 어떤 사람으로 보건 진실하게 살아라.

What you would seem to be, be really.

타인에게서는 미덕을 찾고 자신에게서는 악덕을 찾아라.

Search others for their Virtues, thyself for thy Vices.

신랄한 말로는 친구를 만들지 못한다. 1갤런의 식초보다 한 스푼의 꿀로 더 많은 파리를 잡을 수 있다.

Tart Words make no friends: a spoonful of honey will catch more flies than a Gallon of Vinegar.

다른 사람의 죄를 말하기 전에 자신의 양심을 들여다보라.

E'er you remark another's sin, bid your own conscience look within.

수명을 늘이고 싶으면 식사를 줄여라.

To lengthen thy Life, lessen thy Meals.

복종하지 않는 사람은 명령도 할 수 없다.

He that cannot obey, cannot command.

타인에게서는 미덕을 찾고 자신에게서는 악덕을 찾아라.

Search others for their Virtues, thyself for thy Vices.

뛰어난 미와 힘 그리고 부귀는 크게 소용이 없다. 올바른 마음이 이 모든 것을 능가한다.

Great beauty, great strength, and great riches are really and truly of no great use; a right Heart exceeds all.

만족은 가난한 자를 부자로 만들고 불만족은 부자를 가난하게 만든다.

Content makes poor Men rich; Discontent makes rich Men poor.

　죄 짓는 것은 인간의 본성이고 후회하는 것은 신이 주신 본성이다. 그리고 살아남는 것은 악마적 본성이다.

To err is human, to repent divine; to persist devilish.

❀❀❀❀

주치의를 상속자로 삼는 사람은 바보다.

He's a fool that makes his Doctor his Heir.

❀❀❀❀

개와 함께 누운 사람은 벼룩과 함께 일어난다.

He that lieth dawn with Dogs, shall rise up with Fleas.

젊은 의사와 나이든 이발사는 주의하라.

Beware of the young doctor and the old Barber.

살기 위해 먹지, 먹기 위해 살지 마라.

Eat to live, and not live to eat.

신은 가끔 기적을 행한다. 보아라! 변호사이면서 정직한 사람을.

God works wonders now and then; Behold! a lawyer, an honest man.

꿀은 달콤하지만 벌에게는 침이 있다.

The Honey is sweet, but the Bee has a Sting.

성공은 많은 사람을 파멸시킨다.

Success has ruin'd many a Man.

하늘은 스스로 돕는 자를 돕는다.

God helps them that help themselves.

밀랍머리로 햇빛 속을 걷지 말라(자신의 허물이 드러날 일을 하지 말라).

If your head is wax, don't walk in the Sun.

일할 때는 100년을 사는 것처럼, 기도할 때는 내일 죽는 것처럼 하라.

Work as if you were to live 100 years, Pray as if you were to die Tomorrow.

해서는 안 될 일을 한다면 듣고 싶지 않은 말도 들어
야 한다.

If you do what you should not, you must hear what
you would not.

마음에 드는 하인을 원한다면, 본인 스스로 일하는 수
밖에 없다.

If you'd have a servant that you like, serve yourself.

 못 하나가 부족하여 편자를 잃게 되고 편자 하나가 부족하여 말을 잃게 되며 말 한 마리가 부족하여 기수를 잃게 된다.

 For want of a Nail the Shoe is lost; for want of a Shoe the Horse is lost; for want of a Horse the Rider lost.

 강탈과 희생에 의한 지배보다 작지만 올바른 의지가 더 효과적이다.

 A little well- gotten will do us more good, than lordships and sceptres by Rapine and Blood.

악습과 그릇된 충고는 잘 잊혀지지 않는다.

Ill Customs and bad Advice are seldom forgotten.

암말에 험담을 하던 사람이 그 말을 산다.

He that speaks ill of the Mare, well buy her.

자신의 잘못을 인정하고 고칠 만한 용기가 있는 사람
이 얼마나 드문가!

How few there are who have courage enough to own
their Faults, or resolution enough to mend them!

제일 못난 바퀴가 제일 시끄럽다.

The worst wheel of the cart makes the most noise.

평화롭고 편안한 삶을 원한다면 아는 것을 모두 말해서는 안 된다. 그리고 눈에 보이는 모든 것을 평가해서도 안 된다.

He that would live in peace and at ease, must not speak all he knows, nor judge all be sees.

당신 자신만큼 당신을 속이는 사람이 누가 있을까?

Who has deceiv'd thee so oft as thy self?

여행자는 돼지처럼 발달된 코, 사슴처럼 빠른 다리, 나귀처럼 튼튼한 등을 가져야 한다.

A traveller should have a Hog's nose, a Deer's legs, and an Ass's back.

정직한 사람은 자기한테 권리가 없는 돈이나 칭찬은 절대 받지 않는다.

An honest Man will receive neither Money nor Praise that is not his due.

부정한 이득은 피하라. 악덕의 고통은 어떤 대가로도 치를 수 없다.

Avoid dishonest gain: no price Can recompense the pangs of vice.

❁❁❁❁

회색 털을 가진 여우는 많지만 그 중 좋은 털을 가진 놈은 많지 않다.

Many Foxes grow grey; but few grow good.

❁❁❁❁

교육받지 못한 천재는 아직 캐지 않은 은과 같다.

Genius without Education is like Silver in the Mine.

잘 걸어 다니는 사람이 좋은 말을 키울 수 있다.

He that can travel well afoot, keeps a good horse.

적에게 해를 가하면 그보다 못한 사람이 된다. 보복을 하면 적과 똑같은 사람이 된다. 그러나 용서하면 적보다 나은 사람이 된다.

Doing an Injury puts you below your Enemy; Revenging one makes you but even with him; Forgiving it sets you above him.

경청하는 한 사람의 귀는 백 명의 혀를 지치게 한다.

A pair of good Ears will wring dry an hundred Tongues.

당신의 작업장을 지켜라. 그러면 그것이 당신을 지켜 줄 것이다.

Keep thy shop, and thy shop will keep thee.

조심, 또 조심하라. 남을 속이는 것을 두려워하지 않는 사람은 주저 않고 속인다.

Beware, beware; he'll cheat without scruple, who can without fear.

  가난한 사람은 배를 채울 식량을 얻기 위해 걸어 다니지만 부자는 먹을 것이 들어갈 배를 만들기 위해 걸어 다닌다.

  The poor Man must walk to get meat for his stomach, the rich man to get a stomach for his meat.

  탐욕과 행복은 서로를 본 적이 전혀 없다. 그런데 어떻게 그들이 친해질 수 있겠는가?

  Avarice and Happiness never saw each other, how then should they become acquainted.

당신 자신의 허물을 참을 수 있다면 당신 아내의 허물을 참지 못할 이유가 없다.

You can bear your own Faults, why not a Fault in your wife?

기지는 넘치지만 그것으로 배를 채우진 못하는 사람들이 많다.

There's many witty Men whose brains can't fill their bellies.

모든 사람에게 자신을 알려라. 그러나 어느 누구에게도 자신을 전부 보이면 안 된다. 물이 얕아 보이면 사람들이 마음 놓고 건너다닌다.

Let all Men know thee, but no man know thee thoroughly: Men freely ford that see the shallows.

경험은 좋은 학교다. 그러나 바보는 어디에서도 배우지 못한다.

Experience Keeps a dear school, yet Fools will learn in no other.

근면은 빚을 갚지만 절망은 빚을 늘린다.

Industry pays Debts, Despair increases them.

걱정거리가 없으면 걱정할 일이 없다.

They who have nothing to trouble them, will be troubled at nothing.

훌륭한 사람을 본받는 것과 흉내를 내는 것에는 큰 차이가 있다.

There is much difference between imitating a good man, and counterfeiting him.

친구를 선택할 때는 천천히 하라. 친구를 바꿀 때는 더욱 천천히 하라.

Be slow in chusing a Friend, slower in changing.

눈앞을 보기는 쉽지만 앞날을 보기는 어렵다.

'Tis easy to see, hard to foresee.

신중한 사람은 남들이 다 아는 것에 대해서도 입을 다문다.

In a discreet man's mouth a publick thing is private.

물건을 사는 데 돈을 아끼는 사람은 자신만이 아니라 다른 사람도 먹여 살린다.

He that buys by the penny, maintains not only himself, but other people.

집안의 하녀는 성실하고 튼튼하며 소박해야 한다.

Let thy maid-servant be faithful, strong, and homely.

그 자리에 없는 사자는 잡으면서 눈앞의 쥐를 보고 도망가는 용기라니!

Here comes Courage! that seized the Lion absent, and ran away from the present Mouse.

직업을 가져야 재산을 모은다.

He that hath a Trade, hath an Estate.

❁❁❁❁

자신의 젖가슴을 다른 것과 바꾸려는 어머니가 어디 있겠는가?

Where yet was ever found the mother, who'd change her booby for another?

❁❁❁❁

항해 중인 배와 임신한 여성은 흔하지만 가장 보기 좋은 모습이다.

A ship under sail and a big-bellied Woman, are the handsomest two things that can be seen common.

일을 주도하라. 그렇지 않으면 일에 끌려 다닐 것이다.

Drive thy Business, or it well drive thee.

재치 있는 바보처럼 골치 아픈 존재는 없다.

There are no fools so troublesome as those that have wit.

늦게 낳은 자식은 일찍 고아가 된다.

Late Children, early Orphans.

현명한 사람이라면 다른 사람의 종교, 신용상태, 안목에 대해 언급할 때 신중해야 한다.

You will be careful, if you are wise, how you touch men's Religion, or Credit, or Eyes.

대문은 열어주되 반기는 기색이 없으면 제대로 된 접대가 아니다.

Half-Hospitality opens his Door and shuts up his Countenance.

몸뿐 아니라 마음까지 게으른 사람이 있다.

There are lazy Minds as well as lazy Bodies.

생선과 집을 방문한 손님은 3일이 지나면 냄새가 나기 시작한다.

Fish and Visitors stink after three days.

이성이 하는 말을 들어라. 그렇지 않으면 뼈저리게 느끼게 해줄 것이다.

Hear Reason, or she'll make you feel her.

바보는 가슴에 입이 있지만 지혜로운 사람은 입이 가슴에 있다.

The heart of the Fool is in his mouth, but the mouth of the wise man is in his heart.

어른을 찾아가되, 매일 가지 말라. 형제의 집을 찾아가되, 매일 밤 가지 말라.

Visit your Aunt, but not every Day; and call at your Brother's, but not every night.

빈 자루는 똑바로 설 수 없다.

An empty Bag cannot stand upright.

믿는 사람만이 속게 되어 있다.

There's none deceived but he that trusts.

속임수와 배반은 정직의 중요성을 모르는 바보들이나 하는 짓이다.

Tricks and treachery are the practice of Fools that have not wit enough to be honest.

작은 도끼질이 모여 큰 참나무를 쓰러뜨린다(티끌 모아 태산).

Little Strokes fell great Oaks.

두 변호사 사이의 시골 사람은 고양이 두 마리 사이에
놓인 생선과 같다.

A country man between two lawyers, is like a Fish
between two Cats.

믿음의 눈으로 보려면 이성의 눈을 감아야 한다.

The Way to see by Faith is to shut the Eye of Reason.

아침 햇빛은 촛불을 끈 뒤에 더욱 환해 보인다.

The Morning Daylight appears plainer when you put
out your Candle.

너무나 정교하게 짜여진 지혜는 가장 고상한 어리석음을 낳는다.

The most exquisite Folly is made of Wisdom spun too fine.

내 흠을 가리키기 전에 네 손가락부터 씻어라.

Clean your Finger, before you point at my Spots.

바보의 삶은 술 마시는 데 있고, 현자의 삶은 인생에 대한 사색에 있다.

Life with Fools consists in Drinking; with the wise Man, living's Thinking.

굶주림은 부지런한 사람의 집을 잠시 들여다보기는 하지만 감히 들어가지는 못한다.

At the working man's house Hunger looks in, but dares not enter.

누가 강한가? 나쁜 습관을 극복할 수 있는 사람이다.

Who is strong? He that can conquer his bad Habits.

점심은 조금만, 저녁 식사는 더 조금. 저녁을 안 먹으면 더욱 좋다.

Dine with little, sup with less: Do better still; sleep supperless.

골치 아픈 손님을 떠나게 하려면 돈을 빌려 주어라.

If you'd lose a troublesome Visitor, lend him money.

바보가 친구에게 얻는 것보다 현명한 사람이 적에게 얻는 것이 더 많다.

The wise Man draws more Advantage from his Enemies, than the Fool from his Friends.

매년 한 가지씩 나쁜 습관을 뿌리 뽑으면 최악의 인간도 선인이 될 수 있다.

Each year one vicious habit rooted out, in time might make the worst man good throughout.

아내가 없다면 아직 완전한 남자가 아니다.

He that has not got a Wife, is not yet a compleat Man.

악행을 하게 될까 두려워하라. 그러면 다른 것은 두려워 할 필요가 없을 것이다.

Fear to do ill, and you need fear nought else.

자신보다 현명한 사람과 결혼하라. 스승을 얻게 된다.

Marry above thy natch, thou'lt get a master.

약속은 친구를 얻어 주지만 약속을 이행하지 못하면 친구는 적이 된다.

Promises may get thee friends, but non-performance will turn them into enemies.

현재를 즐기되 과거를 잊지 말라. 그리고 최후의 순간이 오는 것을 두려워하지도 기원하지도 말라.

Enjoy the present hour, be mindful of the past; & neither fear nor wish the approaches of the last.

겸손은 미덕이지만 부끄러워하는 것은 악덕이다.

Tho' Modesty is a Virtue, Bashfulness is a Vice.

자신의 재능을 숨기지 말라. 쓰라고 만들어진 것이다. 그늘 속 해시계가 무슨 소용 있는가?

Hide not your Talents, they for Use were make:? "What's a Sun-Dial in the Shade?"

재앙이 오지 않으면 두려움은 헛된 것이다. 재앙이 온다 해도 두려움은 고통을 늘릴 뿐이다.

If evils come not, Then our fears are vain; And if they do, Fear but augments the pain.

재능 있는 사람들을 배워라. 스스로를 가르치는 사람은 바보도 스승으로 삼는다.

Learn of the skillful: He that teaches himself, hath a fool for his master.

열정에 사로잡힌 사람은 미친 말을 탄 것과 같다.

A man in a Passion rides a mad Horse.

사람의 혀는 부드럽고 뼈가 없다. 그러나 한 번의 공격으로 다른 사람의 등을 부러뜨릴 수 있다.

Man's tongue is soft, And bone doth lack; Yet a stroke therewith May break a man's back.

바보는 식탁을 차리고 현자는 그것을 먹는다.

Fools make feasts and Wise Mes eat them.

❋❋❋❋

채권자는 빚을 받을 날짜와 시간을 마치 종교처럼 철저하게 지킨다.

the Creditors are a superstitious sect, great observers of set Days and Times.

❋❋❋❋

의무는 이롭지 않다. 강제되기 때문이다. 그러나 그것이 강제되는 이유는 이롭기 때문이다.

Duty is not beneficial because it is commanded, but is commanded because it is beneficial.

　자신이 알고 있는 것이나 빚진 것, 가지고 있는 것과 할
수 있는 것들을 남들에게 알리지 마라.

　Proclaim not all thou knowest, It thou owest, all thou
hast, nor all thou can'st

　다른 사람의 고통은 얼마든지 견딜 수 있다.

　To bear other people's afflictions, every one has cour-
age and enough to spare.

남편이 잔소리꾼 아내의 묘비에 남긴 말 : 여기 가엾은 브리짓이 잠들어 있다. 그녀는 평온을 찾았으며 나 역시 그렇다.

Epitaph on a Scolding Wife by her Husband : Here my poor Bridget's Corps doth lie, she is at rest, and so am I.

✿✿✿✿

자신의 지혜를 숨기지 못하는 이는 바보다.

He's a Fool that cannot conceal his Wisdom.

✿✿✿✿

모든 혈통은 오래 되었다는 점에서 동등하다.

All Blood is alike ancient.

팀은 매우 박식해서 9개 언어로 말의 이름을 댈 수 있을 정도였지만 타고 다니려고 암소를 살 정도로 무지하다.

Tim was so learned, that he could name a Horse in nine Languages. So ignorant, that he bought a Cow to ride on.

진정한 친구가 최고의 재산이다.

A true Friend is the best Possession.

씀씀이가 큰 사람들이 남에게 돈은 잘 빌려주지 않는다.

Great Spenders are bad Lenders.

듣기 좋은 말도 너무 많이 하면 질린다.

You may talk too much on the best of Subjects.

❀❀❀❀

친구와 아첨꾼은 같은 사람이 될 수 없다.

The same man cannot be both Friend and Flatterer.

❀❀❀❀

재산이 늘면 걱정도 늘어난다.

He who multiplies Riches multiplies Cares.

　가난한 사람은 가진 것이 거의 없고 거지는 전혀 없다.
그러나 충분히 가진 사람은 또한 한명도 없다.

The poor have little, Beggars none; The rich too
much Enough not one.

　불만이 있어도 드러내지 말라. 만일 세상이 알면 당신
을 외면할 것이고 그러면 불만은 더 늘어날 것이다.

Let thy discontents be thy secrets; if the World knows
them't will despise thee and increase them.

친구에 대한 험담은 듣지 말고 적에 대해서는 아무 말 말라.

Hear no ill of a Friend, nor speak any of an Enemy.

빚진 것을 갚아라. 그래야 자기가 소유한 것이 무엇인 지 알 것이다.

Pay what you woe, and you'll know what is your own.

집 안에 노인이 있으면 좋은 징조다.

An old man in a House is a good Sign.

두려움의 대상은 증오의 대상이 된다.

Those who are fear'd, are hated.

말을 잘하는 것보다 행동을 올바르게 하는 것이 낫다.

Well done is better than well said.

적이 알면 안 될 비밀이 있다면 친구에게 말하지 말라.

If you would keep your secret from an Enemy, tell it not to a Friend.

주인의 눈은 손보다 많은 일을 한다.

The Eye of a Master will do more Work than his
Hand.

벼락을 맞은 여행자는 집에 돌아가 아내에게 그 소식
을 전할 수 없다.

The Traveller that is struck by Lightening, seldom
gets home to tell his Widow.

작은 지출에 유의하라. 조그만 틈새가 큰 배를 침몰시킨다.

Beware of little Expenses: a small leak will sink a great Ship.

추한 사랑은 없지만 멋진 감옥도 없다.

There are no ugly loves, nor handsome prisons.

사순절을 빨리 보내고 싶은 사람이 있다면 부활절에 빌린 돈을 갚게 하라.

He that would have a short Lent, let him borrow money to be repaid at Easter.

저녁 먹는 횟수를 줄이면 약이 거의 필요 없다.

Eat few Suppers, and you'll need few Medicines.

열정이 날뛰면 이성이 고삐를 조이게 하라.

If Passions drive, let Reason hold the Reins.

혀가 잘못한 일에 귀가 맞는다.

The tongue offends, and the Ears get the Cuffing.

　인류는 매우 이상한 창조물이다. 절반은 자신의 행동을 비난하고 절반은 비난한 것을 실천한다. 그 나머지는 언제나 해야 할 말과 행동만 한다.

　Mankind are very odd Creatures: One half censure what they practise, the other half practise what they censure; the rest always say and do as they ought.

기쁨에 뒤이어 슬픔이 올 때가 있다. 서둘러 결혼한 사람들은 천천히 후회한다. 그러나 인생을 오래 산 사람들은 두 단어의 위치가 바뀌었다는 사실을 안다. 천천히 결혼한 사람들은 곧 후회한다.

Grief often treads Upon the heels of pleasure, Marry'd in haste, We oft repent at leisure; Some by experience Find these words misplaced, Marry'd at leisure, They repent in haste.

순종하지 않는 딸은 다루기 어려운 아내가 된다.

An undutiful Daughter will prove an unmanageable Wife.

유리와 도자기, 명성은 쉽게 깨지지만 깨끗이 고쳐지지 않는다.

Glass, China, and Reputation, are easily crack'd and never well mended.

✿✿✿✿

가정교육을 잘 받지 못한 사람들이 다른 사람들의 그런 점을 참지 못한다.

He is not well bred, that cannot bear Ill-Breeding in others.

✿✿✿✿

왕과 곰은 가끔 그들의 파수꾼을 걱정시킨다.

Kings and Bears often worry their keepers.

지갑이 가벼우면 마음이 무겁다.

Light Purse, heavy Heart.

형제가 반드시 친구가 되는 것은 아니지만 친구는 언제나 형제가 될 수 있다.

A Brother may not be a Friend, but a Friend will always be a Brother.

집(그리고 화덕)을 마련하기 전까지는 아내를 얻지 말라.

Ne'er take a Wife till thou hast a house (and a fire) to put her in.

매춘부와 손님 그리고 비오는 날씨는 3일이 지나면 지겨워진다.

After three days men grow weary of a wench, a guest, and weather rainy.

게으름뱅이가 자는 동안 땅을 갈아라. 그러면 팔고 남을 만큼 옥수수를 얻을 것이다.

Plough deep while Sluggards sleep; and you shall have Corn to sell and to keep.

금의 순도를 증명하는 것은 불이고, 여성을 증명하는 것은 금이며, 남성을 증명하는 것은 여성이다.

The proof of gold is fire; the proof of woman, gold; the proof of man, a woman.

말이 많은 사람은 실천이 드물다.

Great talkers, little doers.

조언은 술을 마시면서도 구해도 결심은 맨 정신에 하라.

Take counsel in Wine, but resolve afterwards in Water.

술을 빨리 마시는 사람이 돈은 천천히 낸다.

He that drinks fast, pays slow.

어떤 사람이 부자인가? 자기 몫에 만족하는 사람이다.

Who is rich? He that rejoices in his Portion.

한 가지 나쁜 버릇은 새끼를 둘이나 친다.

What maintains one Vice would bring up two Children.

평온한 양심은 천둥 속에서도 잠잘 수 있지만 죄짓고 편히 살 수는 없다.

A quiet Conscience sleeps in Thunder, but Rest and Guilt live far asunder.

조언을 구하지 않는 사람은 도움을 얻지 못한다.

He that won't be counsell'd, can't be help'd.

작은 잘못은 눈감아 주어라. 당신은 더 큰 잘못이 있다는 것을 명심하라.

Wink at small faults, remember thou hast great ones.

먹을 때는 자신을 위해, 옷 입을 때는 남을 위해.

Eat to please thyself, but dress to please others.

사랑 없는 결혼에 혼외정사가 따른다.

In Marriage without love, there will be Love without Marriage.

잔꾀에는 옷이 필요하지만 진실에는 옷이 필요 없다.

Craft must be at charge for clothes, but Truth can go naked.

상처는 모래 위에 쓰고 은혜는 대리석 위에 써라.

Write Injuries in Dust, Benefits in Marble.

구애기간은 짧을수록 좋다.

Happy's the Wooing that's not long a doing.

아내를 얻으면 근심도 얻는다.

He that takes a Wife takes Care.

법률가, 전도사, 박새의 알은 다 자라기도 전에 부화하는 것들이 더 많다.

Lawyers, Preachers, and Tomtit's Eggs, there are more of them hatched than come to perfection.

❖❖❖

가난은 약간의 물질을 원한다. 그러나 사치는 많은 것을 원하며 탐욕은 전부를 원한다.

Poverty wants some things, Luxury many things Avarice all things.

❖❖❖

배부름은 모든 병의 어머니다.

A full Belly is the Mother of all Evil.

절약하는 사람에게는 모든 물건이 싸며 낭비하는 사람에게는 모든 물건이 비싸다.

All things are cheap to the saving, dear to the wasteful.

말을 탈 때는 바짝 붙어 앉고 사람을 대할 때는 편하게 부담 없이 앉아라.

If you ride a Horse, sit close and tight if you ride a Man, sit easy and light.

아둔한 자는 말은 많이 하지만 들을 내용이 없다.

Half Wits talk much but say little.

드러난 적은 해로운 존재일 수 있다. 더 나쁜 것은 친구
인 척 하는 사람이다.

An open Foe may prove a curse; But a pretended
Friend is worse.

하나님을 섬기는 것은 무엇인가? 인류에게 선을 행하
는 것이다.

What is serving God? 'Tis doing Good to Man.

비밀을 캐지 않는 것이 현명한 태도이고 그것을 누설하
지 않는 것은 정직한 행동이다.

It is wise not to seek a Secret and honest not to reveal it.

삼손의 신체는 강했지만 머리는 약했다. 그렇지 않았다면 해롯의 무릎에 그의 머리를 올려놓지는 않았을 것이다.

Samson, for all his strong Body, had a weak Head, or he would not have laid it in a Harlot's lap

행운에 기대는 사람은 끼니도 제대로 해결하지 못한다.

He that waits upon Fortune, is never sure of a dinner.

물을 마셔라. 돈은 주머니에 넣고 술 못 마셔서 아픈 배는 술독에 남겨 두어라.

Drink water, put the Money in your pocket, and leave the dry-bellyache in the punch-bowl.

당신이 말하는 것마다 칭찬하는 사람은 인정하지 말라.

Approve not of him who commends all you say.

장미를 꺾을 때는 가시에 찔릴 두려움이 따르고 아름다운 아내를 얻을 때는 바람날 위험이 따른다.

You cannot pluck roses Without fear of thorns, Nor enjoy a fair Wife Without danger of horns.

발을 헛디디면 금방 회복할 수 있지만 혀를 잘못 놀리면 절대 극복할 수 없다.

A slip of the Foot you may soon recover, but a slip of the Tongue you may never get over.

오르기 전에는 야망처럼 시시한 것도 없다.

Nothing humbler than Ambition, when it is about to climb.

만족하지 못한 사람에게는 어떤 의자도 편치 않다.

The discontented Man finds no easy Chair.

달콤한 포도주가 식초가 되고, 착한 사람이 화를 내지 않게 조심하라.

Take heed of the Vinegar of sweet Wine, and the Anger of Good-nature.

종은 사람들을 교회로 부르면서 정작 자기는 설교에 귀 기울이지 않는다.

The Bell calls others to Church, but itself never minds the Sermon.

사람은 미루지만 시간은 미루지 않는다.

You may delay, but Time will not.

내일 할 일을 오늘 하라.

Have you somewhat to do tomorrow, do in today.

담판이 시작된 요새와 처녀성은 오래 버티지 못한다.

Neither a Fortress nor a Maidenhead will hold out long after they begin to parley.

인생의 성패는 좋은 아내를 선택하느냐 여부에 있다.

The good or ill hap of a good of ill Life, is the good or ill choice of a good or ill Wife.

맛있게 먹는 것이 보약이다.

What one relishes, nourishes.

근면한 사람에게는 모든 것이 쉽고 게으른 자에게는 모든 것이 어렵다.

All things are easy to Industry, all things difficult to sloth.

여인과 난로 불빛이 없는 집은 영혼이 없는 육체와 같다.

A house without woman and firelight, is like a Body without soul or sprite.

아이에게 침묵하는 법을 가르쳐라. 말은 나중에 배워도 늦지 않다.

Teach your Child to hold his tongue, he'll learn fast enough to speak.

강과 나쁜 정부의 공통점은 가벼운 것이 위에 온다는 것이다.

In Rivers and bad Governments, the lightest things swim at top.

암탉과 희망은 날개를 잘라내라. 그 뒤를 좇아 힘들게 춤추지 않으려면.

Cut the Wings of your Hens and Hopes, lest they lead you a weary Dance after them.

편안한 삶을 원한다면 하고 싶은 일이 아니라 해야 할 일을 다 하라.

Would you live with ease, do what you ought, not what you please.

　　말에 올라타는 사람이 생각하는 것과 말이 생각하는
것은 다르다.

　　The Horse Thinks one thing, and he that saddles him
another.

　　이웃을 사랑하라. 그러나 울타리를 허물지는 말라.

　　Love your Neighbor, yet don't pull down your Hedge.

　　성공이 자리 잡았다고 생각할 때 그것은 굴레를 벗고
굴러 떨어진다.

　　When Prosperity was mounted, she let go the Bridle
and soon came tumbling out of the Saddle.

세상살이에서는 믿음이 사람을 구원하는 게 아니다. 믿음이 부족해야 살아남는다.

In the Affairs of this World Men are saved, not by Faith, but by the Want of it.

우정에 격식은 필요 없지만 예의는 필요하다.

Friendship cannot live with Ceremony, nor without Civility.

좋은 아내를 잃는 것은 신의 선물을 잃는 것이다.

A good Wife lost, is God's gift lost.

미덕이 없는 사람은 옷을 잘못 입은 것과 같다.

He is ill clothed that is bare of Virtue.

사람과 수박은 속을 알 수 없다.

Men and melons are hard to know.

약의 무가치함을 아는 사람이 최고의 의사다.

He's the best physician that knows the worthlessness of most medicines.

입은 촉촉하게, 발은 건조하게.

Keep your Mouth wet, Feet dry.

칭찬을 수확하려거든 친절한 말과 유익한 행동이라는 씨를 뿌려야 한다.

If you would reap Praise you must sow the Seeds gentle Words and useful Deeds.

어른스러운 젊은이는 노인이 되어도 젊다.

An old young man will be a young old man.

일찍 자고 일찍 일어나면 건강과 부, 지혜를 얻는다.

Early to Bed and early to rise, makes a Man healthy wealthy, and wise.

갑작스런 권력은 무례해지기 쉽고, 갑작스런 자유는 뻔뻔해 지기 쉽다. 천천히 이루는 것이 가장 바람직하다.

Sudden Pow'r is apt to be insolent, sudden Liberty saucy; that behaves best which has grown gradually.

종교를 두고 논쟁은 많지만 실천한 사람은 없다.

Many have quarrel'd about Religion, that never practised it.

　신중한 네덜란드인들의 검약에 대한 교훈은 이렇다. 손에 잡히는 돈은 모두 저축하라.

　The thrifty maxim of the wary Dutch, is to save all the money they can touch.

　한 번 상처주기보다 여러 번 상처 입는 것이 낫다.

　It is better to take many Injuries, than to give one.

　당신 자신을 믿어라. 그러면 남도 당신을 속이지 않는다.

　Trust thyself, and another shall not betray thee.

서두르면 일을 망친다.

Haste makes Waste.

근면은 행운의 어머니다.

Diligence is the mother of good luck.

자신이 알지 못하는 일은 하지 말라.

Do not do that which you would not have known.

치료는 하나님이 하고 치료비는 의사가 받는다.

God heals and the doctor takes the fee.

오래 살고 싶으면 착하게 살라. 어리석음과 사악함은 수명을 단축시킨다.

If thou would'st live long, live well; for Folly and Wickedness shorten life.

일을 마치기 전에 수고료를 지불하면 준 돈의 절반은 버리는 것과 같다.

He that pays for work before it's done, has but a pennyworth for two pence.

덕을 쌓으면 왕자보다 행복해진다.

You may be more happy than Princes, if you will be
more virtuous.

적을 놀린다고 친구가 될 수는 없지만 친구를 놀리면
적이 될 수 있다.

Thou can'st not joke an Enemy into a Friend, but
thou may'st a Friend into an Enemy.

화낼 때는 늘 이유가 따르지만 그 이유가 합당한 적은 거의 없다.

Anger is never without a Reason, but seldom with a good One.

심한 상처는 치유되지만 오명은 치유될 수 없다.

An ill Wound, but not an ill Name, may be healed.

신 오이 피클을 먹는다고 식욕이 사라지지는 않는다.

Eating sour Pickles won't kill your Appetite.

과식은 온갖 병을 부른다.

Many Dishes, many Diseases.

구두쇠에게 장수를 빌어주는 것은 축복이 아니다.

Wish a Miser long life, and you wish him no good.

하나님과 부모, 스승의 은혜에는 보답할 길이 없다.

God, Parents, and Instructors, can never be requited.

진실된 비난은 귀에 거슬린다.

The Sting of a Reproach is the Truth of it.

술은 근심을 가라앉히지 못한다. 오히려 물을 주어 더
빨리 자라게 한다.

Drink does not drown Care, but waters it, and makes
it grow faster.

세 사람이 비밀을 지키려면 둘이 죽어야 가능하다.

Three may keep a secret if two of them are dead.

부귀는 소유한 사람의 것이 아니라 향유하는 사람의 것이다.

Wealth is not his that has it, but his that enjoys it.

우물이 말라야 물의 소중함을 깨닫는다.

When the well's dry, we know the worth of water.

다투기 좋아하는 사람에게 좋은 이웃은 없다.

A quarrelsome Man has no good Neighbours.

인간성은 재산의 증가에 반비례한다.

Many a Man would have been worse, if his Estate had been better.

죽어 썩어진 다음 금방 잊혀지고 싶지 않으면 읽을 만한 가치가 있는 글을 쓰거나 글로 남길 만한 행동을 하라.

If you would not be forgotten, as soon as you are dead and rotten, either write things worth reading, or do things worth the writing.

　부를 얻기 위해 덕을 팔지 말고 힘을 얻기 위해 자유를 팔지 말라.

　Sell not virtue to purchase wealth, nor liberty to purchase power.

✦✦✦✦

　결혼 전에는 눈을 크게 뜨고 결혼 후에는 눈을 반만 떠라.

　Keep your eyes wide open before Marriage, half shut afterwards.

✦✦✦✦

　장님의 아내가 화장을 할 이유가 있는가?

　Why does the blind man's wife paint herself?

채무자보다 채권자의 기억력이 더 좋다.

Creditors have better memories than Debtors.

유비무환이다.

Forewarn'd, forearm'd

많은 사람들이 쾌락을 산다고 하지만 사실은 스스로를 팔아 쾌락의 노예가 되는 것이다.

Many a Man thinks he is buying Pleasure, when he is really selling himself a Slave to it.

시간은 만병을 고치는 약이다.

Time is an herb that cures all diseases.

선을 존중하는 사람 중에 아주 나쁜 사람은 없다.

There is no Man so bad but he secretly respects the Good.

말 많은 사람들은 귀를 잘라도 된다. 귀가 필요하지 않기 때문이다.

Great Talkers should be cropp'd, for they have no need of Ears.

당신의 계란을 익히려고 내 집을 태우지 말라.

Pray don't burn my House to roast your Eggs.

1분도 허비해서는 안 되는데 한 시간을 버리지 말라.

Since thou art not sure of a Minute, throw not away an Hour.

근거 없는 말 한마디에도 설명이 필요하듯, 근거 없는 침묵에도 설명이 필요하다.

As we must account for every idle Word, so we must for every idle Silence.

인내할 수 있는 사람은 원하는 것을 가질 수 있다.

He that can have Patience can have what he will.

좋은 아내와 좋은 농원은 좋은 남편이 만든다.

Good wives and good plantations are made by good Husband.

가시를 뿌리는 자여, 맨발로 다니지 못할 것이다.

He that scatters thorns, let him not go barefoot.

술은 가장 나쁜 해악이다. 술 때문에 바보가 되기도 하고 짐승이 되기도 하며 악마가 되기도 한다.

Drukenness, that worst of Evils, makes some men Fools, some Beasts, some Devils.

오래 살기보다는 잘 살기를 원하라.

Wish not so much to live long, as to live well.

일요일 차림새를 보고 그 사람의 신앙심을 판단하지 말라.

Don't judge of Men's Wealth or Piety, by their Sunday Appearances.

현 시대가 황금기인 적은 한 번도 없었다.

The Golden Age never was the present Age.

사람들은 스스로를 불행하게 만드는 일에 가장 큰 노력을 기울인다.

Is there anything men take more pains about than to make themselves unhappy?

당신의 비밀을 누군가에게 말한다면 그에게 당신의 자유를 판 것이다.

To whom thy secret thou dost tell, to him thy freedom thou dost sell.

비열함은 오만의 부모다.

Meanness is the Parent of Insolence.

잠 든 여우는 닭을 잡지 못한다. 일어나라, 어서!

The sleeping Fox catches no poultry. Up! Up!

글은 현학적으로, 말은 평범하게.

Write with the learned, pronounce with the vulgar.

오늘의 달걀이 내일의 암탉보다 낫다(작더라도 확실한 이익이 낫다).

An egg today is better than a hen tomorrow.

✤✤✤✤

구두쇠더러 부자라 하고, 여인더러 늙었다 하면 전자는 돈을 주지 않을 것이며 후자는 친절을 베풀지 않을 것이다.

Tell a miser he's rich, and woman she's old, you'll get no Money of one, nor Kindness oft' other.

✤✤✤✤

오만한 자는 남들의 오만을 싫어한다.

The Proud hate Pride, in others.

썩은 사과 하나가 무리를 망친다(미꾸라지 한 마리가 논
웅덩이를 흙탕으로 만든다).

The rotten Apple spoils his Companion.

다른 사람의 여인이나 돈을 희롱하지 말라.

Men, dally not with other Folk's Women or Money.

친구를 방문하면 우정이 자란다. 단, 자주 가지는 말라.

Friendship increases by visiting Friends, but by visit-
ing seldom.

교활함은 능력 부족에서 생긴다.

Cunning proceeds from Want of Capacity.

황금보다 값진 것은 무엇인가? 다이아몬드다. 다이아
몬드보다 값진 것은 무엇인가? 미덕이다.

What more valuable than Gold? Diamonds. Than
Diamonds? Virtue.

　친구에게 자신의 허물을 말하려면 친구에 대해 큰 믿음이 있어야 하며 친구의 실수를 말하려면 더 큰 믿음이 필요하다.

'Tis great Confidence in a Friend to tell him your Faults, greater to tell him his.

　재산이 많을수록 모험을 할 수 있다. 작은 배는 해안 근처를 벗어나면 안 된다.

Great Estates may venture more; Little Boats must keep near Shore.

한 가지 면에서 잔꾀가 통할지는 몰라도 모든 면에서 그럴 수는 없다.

You may be too cunning for one, but not for all.

나쁜 습관은 버리기보다 애초에 들이지 않는 것이 쉽다.

'Tis easier to prevent bad Habits than to break them.

아이에게 제일 먼저 복종을 가르쳐라. 그 다음부터는 원하는 대로 하라.

Let thy Child's first lesson be obedience, and the second will be what thou wilt.

아무 것도 기대하지 않는 사람은 축복받은 사람이다.
실망할 일이 없기 때문이다.

Blessed is he that expects nothing for he shall never
be disappointed.

자신의 악덕과 싸우고 이웃과 평화롭게 지내라. 해가
바뀔 때마다 더 나은 사람이 될 것이다.

Be at War with your Vices, at Peace with your Neigh-
bours, and let every New-Year find you a better Man.

눈물보다 빨리 마르는 것은 없다.

Nothing dries sooner than a Tear.

　현명한 사람에게 운명의 변화는 달이 차고 기우는 것과 다를 바 없다.

　A Change of Fortune hurts a wise man no more than a change of the Moon.

　부정직한 사람들끼리 서로를 속이는 경우 비난받을 사람도 동정 받을 사람도 없다.

　When Knaves betray each other, one can scarce be blamed or the other pitied.

충고가 필요한 사람은 바보들이지만 현명한 사람만 오히려 덕을 본다.

Fools need Advice most, but only wise Men are the better for it.

침묵이 언제나 지혜의 상징이 되는 것은 아니지만 수다는 어리석음의 상징이다.

Silence is not always a Sign of Wisdom, but Babbling is ever a Folly.

노년과 궁핍을 대비해 능력이 될 때 저축하라. 아침 해가 하루 종일 떠 있는 것은 아니다.

For Age and Want save while you may; No morning Sun lasts a whole Day.

❀❀❀❀❀

불행을 겪어 보지 않은 사람은 행운이 와도 고생한다.

He that hath no Ill-Fortune will be troubled with Good.

❀❀❀❀❀

상식이 부족한 곳은 모든 것이 부족하다.

Where Sense is wanting, Everything is wanting.

마른 가지 두 개가 살아 있는 가지를 태운다.

Two dry Sticks will burn a green One.

바늘 도둑이 소 도둑 된다.

Little Rogues easily become great Ones.

자신의 열정을 다스리는 자는 주인이고 섬기는 자는 하인이다.

He is a Governor that governs his Passions, and he a Servant that serves them.

자신이 옳다고 주장할 때 실은 틀린 경우가 가끔 있다.

You may sometimes be much in the Wrong, in owning your being in the Right.

필요한 만큼 가진 사람은 만족하지만 지나치게 많이 가진 사람은 불평이 많다.

He that's content hath enough. He that complains has too much.

  남자는 애나 어른이나 장난감을 갖고 논다. 장난감의
가격만 다를 뿐이다.

  Old Boys have their Playthings as well as young Ones;
the Difference is only in the Price.

바보들의 혈통은 아주 오래 되었다.

The family of fools is ancient.

아둔한 자는 말은 많이 하지만 들을 내용이 없다.

Half Wits talk much but say little.

미덕이 반드시 사람을 멋지게 하지는 않지만 악덕은 추하게 만든다.

Virtue may not always make a Face handsome, but Vice will certainly make it ugly.

시인의 노래처럼 죽을 때 마지막까지 살아 움직이는 부위는, 남자는 심장이고 여자는 입이다.

When man and woman die, as poets sung His heart's the last part moves, Her last, the tongue.

당신이 남에게 어떻게 보이건, 진실하게 살라.

What you seem to be, be really.

아픈 경험을 통해 인생을 배운다.

The Things which hurt, instruct.

소원 없이 얻을 수 있는 것은 없다.

노력 없이 얻을 수 있는 것은 없다.

No Gains without Pains.

소원 중에 절반만 이루어도 걱정거리는 두 배가 된다.

If man could have Half his Wishes he would double his troubles.

당신 집 창문이 유리라면 이웃집에 돌을 던지지 말라.
(사돈 남 말하지 말라)

Don't throw stones at your neighbours', if your own
Windows are glass.

늦게 일어나는 사람은 하루 종일 종종 걸음을 쳐도 밤
까지 일을 다 마치지 못한다.

He that riseth late, must trot all day, and shall scarce
overtake his business at night.

책을 만드는 사람보다 스스로를 가다듬을 수 있는 사람이 더 현명하다.

He that can compose himself, is wiser than he that can compose books.

시련과 상실을 통해 사람은 더욱 겸손하고 현명해진다.

After crosses and losses, men grow humbler and wiser.

인간관계 중 최고는 신중하고 신뢰할 만한 친구다.

No better relation than a prudent and faithful friend.

　사람이 믿을 수 있는 친구는 셋이다. 오래 함께 산 아내, 오래 기른 개, 그리고 현찰.

　There are three faithful friends; an old Wife, an old Dog, and ready Money.

근면, 인내, 검소함은 운명도 이겨낸다.

Industry, Perserverance, & Frugality, make Fortune
yield.

게으른 자들이여! 하나님이 그대들에게 팔과 다리를 주
신 것은 사용하라는 뜻에서였다.

O Lazy bones! Dost thou think God would have
given thee arms and legs, if He had not design'd thou
should'st use them?

게으름을 피우고 있는 자신을 늘 부끄럽게 여겨라.

Be always ashamed to catch thyself idle.

여기 입심 좋은 사람이 있다. 헌정사보다 더 사람을 치켜세우고 묘비명의 10배는 거짓말을 잘 한다.

Here comes Glib-Tongue: who can out-flatter a dedication; and lie, like ten Epithaphs.

자식에게 줄 수 있는 가장 좋은 것은 미덕과 직업이다.

Virtue and a Trade, are a Child's best Portion.

잘 경작한 들판과 좋은 아내는 큰 재산이다.

Field well till'd and a little Wife well will'd, are great riches.

사냥개 한 마리로 두 마리 토끼를 잡으려고 생각하지 말라.

Don't think to hunt two Hares with one Dog.

친구는 지키기 위해서, 적은 내 편으로 만들기 위해 선행을 베풀어라.

Do good to thy friend to keep him, to thy enemy to gain him.

겸손은 윗사람에게는 의무며 동료에게는 예의고 아랫
사람에게는 고귀함이다.

To be humble to superiors is duty; to equals courtesy
to inferiors nobleness.

오만에 반대하는 것이 꼭 겸손을 의미하지는 않는다.

Declaiming against Pride, is not always a Sign of Hu-
mility.

모든 사람을 관찰하라. 특히 자신을.

Observe all men, thyself most.

시간이 있다면 기회를 기다리지 말라.

If you have time, don't wait for Time.

말을 할 때는 상대의 눈을 보고 이야기를 들을 때는 상대의 입을 보라.

when you speak to a man, look on his eyes, when he speaks to thee, look on his mouth.

자존심이 늘수록 재산은 줄어든다.

As pride increases, Fortune declines.

기도와 음식도 죽음은 막지 못한다.

Prayers and Provender hinder no journey.

죽음을 두려워 말라. 일찍 죽을수록 영원히 살 수 있는 시간이 길어진다.

Fear not Death; for the sooner we die, the longer shall we be immortal.

죽음은 뇌물도 받지 않는다.

Death takes no Bribes.

벤자민 프랭클린,
성공을 부르는 지혜

지은이 | 벤자민 프랭클린
옮긴이 | 이혜경
발행일 | 2010년 6월 28일 초판 1쇄 발행
펴낸이 | 양근모
발행처 | 도서출판 청년정신
등 록 | 1997년 12월 26일 제10-1531호
주 소 | 경기도 파주시 교하읍 문발리 535-7 세종출판벤처타운 408호
전 화 | 031) 955-4923~5 팩스 | 031) 955-4928
이메일 | pricker@empal.com